1000
Jahre

von
Felicia C. Gerber

Für meine Großeltern Ileana und Ion die mich bedingungslos geliebt und immer an mich geglaubt haben.

Die

Gefühle

machen den

Menschen aus!

Felicia C. Gerber

Felicia C. Gerber

1000 Jahre

Gedichte

Fotos von   Günter Gerber
Covergestaltung Günter Gerber

Impressum

Bibliografische Information der Deutschen Nationalbibliothek: Die
Deutsche Nationalbibliothek verzeichnet diese Publikation in der
Deutschen Nationalbibliografie; detaillierte bibliografische Daten sind
im Internet über www.dnb.de abrufbar.

Herstellung und Verlag:
BoD – Books on Demand, Norderstedt
ISBN 9 783750 419070

Inhaltsverzeichnis

Inhaltsverzeichnis

1000 JAHRE

1000 Jahre sind nicht genug für meine Liebe für
dich.
Sind Millionen zarte Gefühlstropfen auf meinem
heißen Herz.
Und noch einmal 1000 Jahre reichen mir nicht,
um dein Gesicht zu sehen und es zu spüren in
einem zarten Licht.
1000 Jahre will ich alles für dich tun.
Aber nicht bevor ich dir sage: Ich liebe dich!
Ich werde die Sterne für dich stehlen und sie weben
innerlich,
aber nicht bevor ich dir sage: Ich liebe dich!
1000 Jahre sind nicht genug für meine Liebe für
dich.
Es ist zu wenig Zeit, um dir alles zu geben.
Es ist die Ewigkeit von einer Sekunde umhüllt, um
zu erleben,
dass 1000 Küsse in jedem Moment zu wenig sind für
ein Leben.
1000 Jahre sind nicht genug für meine Liebe für
dich.

Ist nur ein zarter Gefühlstropfen auf meinem heißen
Herz.
Und noch einmal 1000 Jahre reichen mir nicht,
um dein Gesicht zu sehen und es zu spüren in
einem zarten Licht.

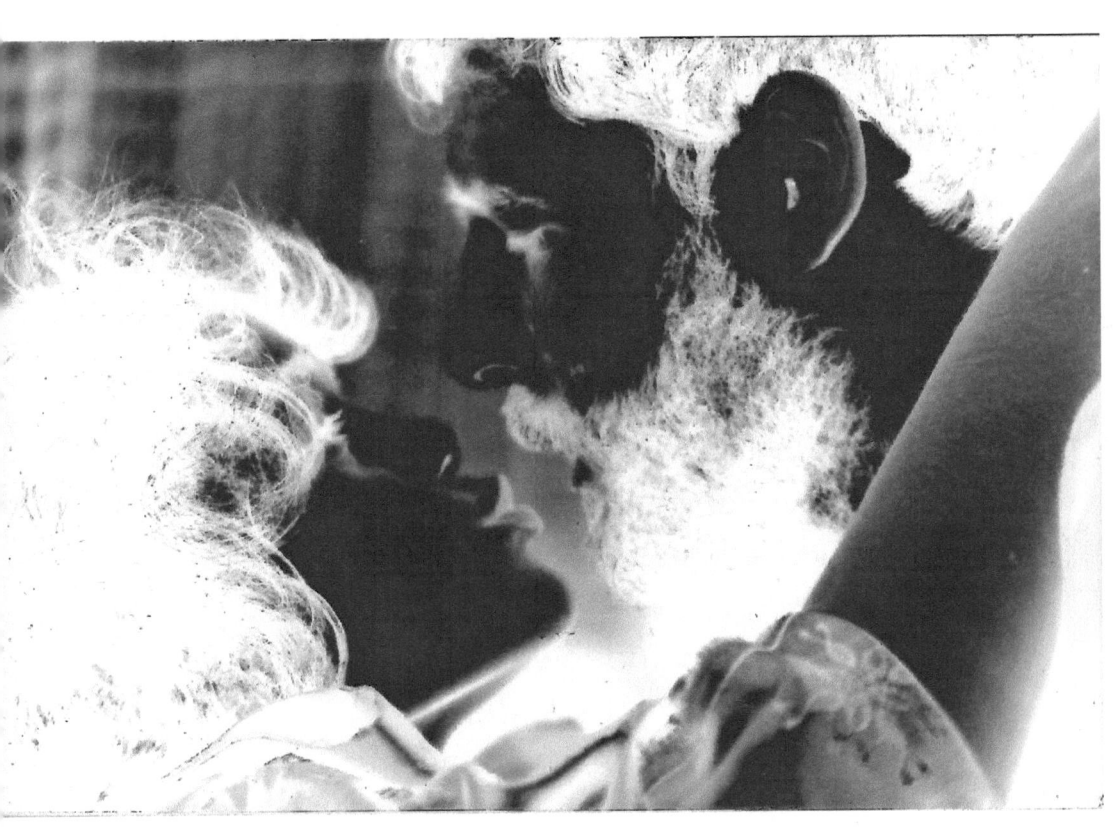

3

DIE SEKUNDE AUF UNSEREN HÄNDEN

Ich atme die Sekunde ein,
und verstecke sie in meinem Herz als Meilenstein.
Ich spalte die Sekunde in zwei,
dass wir das Leben leben können, just in time!
Ich widme mich nur der Sekunde,
und sammle sie wie Gold!
Verstecke sie gewollt und ungewollt,
verwandle sie in Stunden,
und die Sekundenwende rollt in längeren
Abständen,
dass uns unter keinen Umständen,
das Ende erwischt ohne Gründe,
und wandle sie in unseren privaten Code.

Ich gebe ihr einen Namen, Leben!
Und wir lieben jede Sekunde,
und streben nicht alleine, unaufhaltsam ergeben,
zu der bestimmten Stunde, wo uns das Ende
erwartet, sogenannter Tod.

Die Sekunde bereichert schwebend das Leben,
und wird zu der einzigen Sekunde,
als Elixier zum Überleben geschrieben,
auf unseren Gesichtern und Händen,
als Zeichen der wichtigsten Liebesbotschaft im
Leben, die Sekunde zu zweit.

DER WIND

Der Wind saust an den Ohren vorbei.
Er ist ein Wegbegleiter.
Beschreibt uns die Stürme des Lebens in echter
Malerei,
und weht zart, wenn die Sonne scheint weiter.

Der Wind spricht mit uns zwei.
Er bleibt unterwegs kaum aus.
Erklärt uns die Wirbel der Gefühle einwandfrei,
und streichelt nebenbei unsere Zukunft im Voraus.

Der Wind kennt alle Wege und deswegen,
schleicht er sich von ganz oben bis zu uns auf die
Erde.

Er kennt kein Obstakel die Wolken zu bewegen,
und ohne zu merken, zwischen Meeren und Bergen,
weht der Wind weiter ohne Ende!

Der Wind ist ein Kind!
Er spielt mit den Menschen,
mit Natur und Erde im Jetzt und wir sind.
»Denken ohne Grenzen«, sagt er, »ist mein
Lieblingsding!« Und ging.

DER REGEN

Der Regen ist Wasser,
und beglückt uns von oben!
Wäscht unsere Sorgen,
und hält uns unter Dächern daheim.

Der Regen fällt manchmal in Strömen,
wie Trauer und Kummer.
Er spült die Probleme in Flüssen.
So werden sie kleiner und nicht schlimmer.

Der Regen spricht mit der Sonne,
und gönnt ihr ihren Schlaf.
Uns versteckt er die Tränen,
und schickt uns ins Bett nach Bedarf.

Der Regen ist ein Spielkamerad für die Kinder.
Er bringt sie zum Lachen und Toben zugleich.
Ist für Blumen der Bewässerungserfinder,
und verzaubert uns im Winter einer
Schlittschuhbahn erfolgreich.

Der Regen ist Wasser von Wolken.
Fällt manchmal in Strömen und ab und zu fein.
Verwandelt wieder ins Reine unsere Sorgen,
und hält uns gewiss nicht immer daheim.

ERLAUBE!

Erlaube mir, dich ganz fest zu halten!
Erlaube mir, deine Sorgen zu falten!
Erlaube mir, dich auf meinen Armen zu tragen!
Erlaube mir, dich zu lieben ohne Fragen!
Erlaube mir, als einzige alles für dich zu tun, ohne
Vertagen!
Erlaube mir, dein Licht im Dunkel zu sein!
Erlaube mir, dich zu nennen mein!
Erlaube mir, deine geheime Brücke zu sein!
Erlaube mir, für dich als Sonnenschein zu erschein'!
Erlaube mir, ganz Deins zu sein.

DIE EWIGKEIT

Ich entzweie vom Nebel die Ewigkeit.
Ich tauche dich in ihre Klarheit,
nur für dich und mich ohne Schwierigkeit.
Wir schweben auf dem Liebeshorizont.
Ausgedehnt reserviere ich gekonnt,
das anerkannte Glück nur für dich und mich.
Für die Dringlichkeit einer Reisemöglichkeit,
in die Unendlichkeit der Gefühle,
berührt mich ein Ausweg aus dem Gewühle,
und verführt die gezählte Ewigkeit ,
nur für dich und mich, als die einzige Wahrheit.

DAS GRÜN

Das Grün mal hell und mal dunkel,
verspiegelt sich in unserem Optimismus.
Es ist der beste Zukunftsfunkel.
Es ist weitaus mehr als nur ein Tatendrang des
Rhythmus,
wenn auf den Füßen das Gras sich blicken lässt,
uns anzieht mit Kleinkunst, auf die Sohlen gepresst,
und so vergessen wir bewusst gefasst die Angst.
Gib mir dein Grün mal hell und mal dunkel!
Verstecken wir das Übel,
und schmelzen es mit der Hoffnung als Winkel.
Schlau und sensibel erspüren wir das Grün,
wie erlebte vergessene Gefühle erblühen,
und ohne Mühe verlieben wir uns,
wiederholte Male aufregend ins Grün.

SCHICKSALSWEG

Ich habe meine Erinnerungen in zwei geteilt.
Ich habe mich von meinem Geburtsort entfernt.
Ich habe für dich meine Seele geheilt,
und mein Schicksalsweg aufs Neue kennengelernt.

Ich habe am Anfang die Sonne gehabt auf meinem
Weg.
Danach habe ich den Nebel mit Liebe aufgelöst.
Ich bekam einen Liebesbeleg als Privileg,
dass das neue Leben mit dir ist gelöst.

Der Schwierigkeitsstein gewollt und ungewollt rollt,
neben uns manchmal schwach und manchmal
angsteinflößend.
Den Staub an meinen Füßen trage ich als Gold,
denn deine Seele ist gewiss für immer in meiner
anwesend.

Meine Erlebnisse leben mit mir weiter,
denn die Erzählungen sind unheimlich lebendig.
Und meine Heimatmenschen sind durch mich
Begleiter,
ständig in verstärkten Herzen für unsere ewige
Liebe zuständig.

Ich danke dir, Schicksal, mit und ohne Soll.
Ich gebe dir freie Fahrt zu dem Himmel und noch
weiter.
Es ist reizvoll für mich dich zu betrachten als
sinnvoll,
dich in Not zu akzeptieren, dich an meiner Seite zu
haben als purer Lebensleiter.

MAMA

Mama ist jung, zart und weich.
Sie liebt und beschützt mich.
Mama hilft mir ein, zwei Schritte gleich,
zu lernen, zu meistern feierlich.

Mama begleitet meine Schuljahre mit Geduld.
Sie übt mit mir spielerisch und leicht.
Und wenn die Schule zu Ende ist, ist Kult,
dass Mama mit mir lacht und meine Tränen
abwischt.

Sie gibt mir das Gefühl, dass ich nichts verlier.
Sie freut sich mit mir, wenn ich Freunde habe.
Nimmt teil an meiner ganzen neuen Familie, und
erfrier,
an den Gedanken, dass meine Kinder Fieber haben
an manchem Tage.

Sie nimmt mir die Angst egal vor was weg.
Sie ist der Anker in meinem Leben.
Nur sie liebt mich bedingungslos durchweg.
Wir erkennen nicht, wenn sie bereit ist zum
Aufgeben.

Mit weißem Haar, bereit den Lebensstab zu
übergeben,
weich, klein, ganz einfach still und leise zu sterben.
Mamas Lebensweisheiten dagegen überleben,
als geschenkte Gaben und weiter gegeben,
an Kindeskinder mit Meerestränen auf dem Gesicht,
vermisst und geliebt von ihren Erben.

ICH

Ich tausche mich nicht um.
Ich bleibe Ich ohne Warum.
Ich bleibe mir treu.
Ich bin nicht neu,
ich bin nicht scheu,
ich mag Gerechtigkeit,
ich hasse Falschheit,
ich gebe dir die Hand und sage Frieden!
Und die Ehrlichkeit kann siegen.
Ich liebe weiß, schwarz, blau und gelb,
innerhalb und außerhalb!
So ist nun mal die Welt!
So kenn ich mich.
So kenne ich dich.
Menschsein hat ein Gesicht.

Ich täusche mich nicht,
ich liebe die schlichte Aussicht,
hinsichtlich auf Frieden,
dicht ans Licht,
ist unsere Pflicht,
von dem Ungeheuer „Krieg" uns zu verabschieden.

Ich tausche mich nicht um.
Ich spreche nicht drum herum.
Ich danke, dass ich lebe!
Und Atmen glaube ich, ist eine Gabe.
Höhere Macht, bitte erlaube,
zu bleiben!
Und ich verbleibe,
hochachtungsvoll ganz ich.

DIE SEHNSUCHT

Ich trage dich in mir.
Mein Herz ist voll von dir.
Mein Kopf vergisst beinah alles im Hier.
Meine Sehnsucht ist echt und kein Elixier.

Der blaue Himmel ist blau hier und dort.
Die Sterne glitzern genau so hell und fort,
sind die Gedanken immer wieder und sofort.
Die Sehnsucht ist in mir und sie bohrt und bohrt
und bohrt.

Ich kann sie nicht auf Abstellgleise stellen.
Sie kommt und geht wie die Eulen und wie die
Hunde in der Frühe bellen.
Die endlosen Meilen gegen meinen Kopf peitschen
und prellen.
Ich kann die Sehnsucht nur feststellen.

Das aufgewühlte ICH in mir ist nur der Weite-Rebell.
Die Sehnsucht zu vergessen, ist mir empfohlen.
Ich kann aber die Zeit nicht einholen.

DORT

Dort bin ich geboren,
und hab mich auch verloren.
Dort sieht mich keiner mehr.
Kennen tun mich viele bei meiner Rückkehr.
Vergessen hat mich, glaube ich, mindestens einer.
Kein Haus, keine Straße,
dazwischen Geburtsort-Erinnerungen Zero
ungefähr.
Vermisst werde ich immer sehr,
wo ich geboren bin, im gewissen höheren Kreise.
Ich verpasse nie meine wiederholte Reise,
dorthin wo die Heimatphase,
weit weg ist und zurück mein Schicksalsgleis,
mich immer wieder führt.

23

NICHT MAL EINEN AUGENBLICK

Ich brauche dich,
mit deinem tiefen unendlichen Blick.
Lass mich nicht alleine,
nicht mal einen Augenblick.

Ein Wimpernschlag ist schon genug,
dich nicht in meiner Nähe zu haben.
Die Tiefe der blauen Lagunen ist der Flug,
auf deinen Lippenherzen, die mir Liebesschwüre
sagen.

Ich rieche deinen Atem auf zarten Flügeln der
Winde.
Unsere ungeduldige Sehnsucht, ich finde,
dass sie uns begeht mit unendlicher Liebestrophäe.
Auch wenn du weit bist, bist du in meiner Nähe.

Die Weite des Himmels ist unsere Leine,
stark, feinfühlig strahlend und mächtig, gemessen
an unserem Glück.
Lass mich nicht alleine,
nicht mal einen Augenblick!

LIEBE

Ich komme zu dir, mein edler Prinz.
Warte in deinen Träumen auf mich!
Ich ahne dein Lächeln schön und natürlich,
und schmecke deinen Atem durch meinen Atem
täglich.
Dein Lauern nach mir ist natürlich,
in der Hoffnung, dass beide Herzen sich vereinen
feierlich.
Und dennoch, dein Warten verlängert sich,
nur ein paar Jahre mehr, höchstwahrscheinlich.
Denn ich muss bis zu dir die Weite überwinden
inhaltlich,
um zeitlich in deinen Armen zu liegen real und
wirklich.
Ich komme zu dir, mein edler Bestimmter!
Ich lasse nur Sommer und Frühling auf deiner Seele
liegen und kein Winter.

Und auch wenn Winter kommt auf den weißen
Achter,
bedeutet es Unendlichkeit in unseren Wörtern.
Die Zeit ist da zusammen zu sein intim, persönlich.
Wir spüren uns intensiv und deutlich.
Es ist in unserer Liebeswelt hauptsächlich und
natürlich,
sich körperlich ekstatisch,
einfach menschlich zu spüren,
zu lieben, und grundsätzlich,
auf unseren Gedanken tiefe Spuren,
als Unterschriften, eins zu eins, niederzulassen ewig
und schriftlich.

UNSICHERHEIT

Ich laufe, ich renne,
vor meinen Gedanken fort.
Ich verstecke mich hinter dem Mond sofort.
Die Aufregung steigt in mir hoch,
und ich fühle mich wie ein kleines Kind noch.
Und noch ist die Angst,
die sich breit macht in meinem Kopf.
Gefühle kreisen um deinen Geschmack, ob du
magst oder nicht magst.
Mein Magen sprudelt und dreht sich wie in einem
kochenden Topf.
Ich komme gedanklich noch einmal zurück.
Ich sammle meinen Mut Stück für Stück.
Ich nähere mich deinen Gefühlen wie einem rohen
Ei.

Zart, umhüllend, sensibel und nett,
traue ich mich, mich dir anzuvertrauen,
dass mein Herz füllt sich wie ein Jet.
Betrauern tue ich es nicht.
Wie ein kleiner Wicht geh ich ans Licht
deiner Gefühle, und bricht in einer Sekunde
die Erhellung der Unsicherheit.
Sie ist greifbar und ich bin bereit,
trotz meiner Unsicherheit, dich auf meine
Liebeswunde
zu legen, für immer und in Ewigkeit.

DER ALLERHÖCHSTE VERGLEICH

Wenn ich mir wünsche, dass du da bist,
wenn ich mir wünsche, dass du immer bei mir
bleibst,
wenn ich mir wünsche, dass du in meinen Armen
nicht erfrierst,
wenn ich mir wünsche, dass du einen Himmelsweg
für unsere Liebe aufbaust,
dann ist es an der Zeit, unsere Moleküle und die
menschlichen Netze zu flechten.
Dann ist es an der Zeit, zugunsten des verehrten
Liebesurknalls, aller erstens,
die Flugdaten unserer Ewigkeit, von beiden
vertreten, zu geben,
und begleiten und befassen die totalitären Gefühls-
Ereignisse.

Uns schweißen die gefüllten Geschichten wie am
ersten Tag.
Unsere Poren-Sensoren sind die Antennen des
Spürens.
Unsere Wärme ist der Sonne gleich.
Weich, gefährlich glücklich und feierlich,
schmelzen wir ineinander, auf der Himmelsspitze
der allerhöchste Vergleich.

KRIEG

Lasset die Welt nicht erfrieren,
wie den See am Abend im Mondeslicht!
Stattdessen stornieren wir die Kriege und
komprimieren,
die Daten auf Frieden als Bericht.

Lasset die Macht Macht sein, aber für alle
Lebewesen!
Die Welt ist wie verbrannter Wald und obendrein,
werden wir keinem verzeihen, wenn, mit
verkohltem Fleisch pur und rein,
wir im Augenschein sagen werden, das war die
Spezies „Mensch" gewesen!

Hört ihr nicht die Kinder und die Mütter vor
Wunden und Schmerzen schreien?
Was ist mit euren Herzen geschehen?
Die Seelen mit Bomben und Gewehren überleben
nicht im Freien.

Befreit von ersticktem Weinen liegen leblose Körper
am Boden durchgehend.

Rot ist die Erde, rot ist die Luft und rot ist der Mond.
Das Fleisch ist gelöchert und riecht wie verwesen.
Der Krieg macht, dass der Staub unter den nackten
Füßen entlohnt,
und bleibt nur Schwarz und Rot, der Tod und
Soldaten wie nie dagewesen.

Die Erde bleibt leer und es gibt kaum Luft.
Das Grün von den Bäumen ist grau und die Städte
vergraben das Abendgebet.
Die Anwesenheit von Menschen ist gestuft in
Schlucht und Gruft.

Alles zerstört! Die Rasse Mensch, verstreut unter
dem Staub, hinterlässt als Erbe die Erde verwüstet.

NUR FÜR DICH

Und wenn ich liebe, liebe ich.
Und wenn ich tanze, tanze ich.
Wenn ich dich sehe, lebe ich,
nur für dich, allein nur für dich.

Und wenn ich träume, fliege ich.
Und wenn ich spüre, sind wir ich.
Wenn ich dich halte, liebe ich dich,
dich und immer nur dich.

Und wenn ich tanze, spüre ich dich.
Und wenn ich lebe, liebe ich dich.
Und wenn wir fliegen, halte ich,
die Ewigkeit an, nur für dich.

MUTTERLIEBE

Ich will dir nicht erzählen,
was ich für dich tat.
Ich will dich nicht erinnern,
dass du, wie jeder, Fehler gemacht hast.
Ich will zu dir nicht sagen,
dass du mich irgendwann belogen hast.
Ich will dich nicht belehren,
wenn ich dir alles gebe und manchmal auch einen
guten Rat.
Ich will nicht vor dir weinen,
denn ich bin stark und für dich immer erreichbar.
Ich will dich nicht traurig sehen,
denn du bist für mich ein Star.

Ich will dich lachend, tanzend und glücklich nur erleben.
Ich will dich ewig in den Armen halten, zugegeben.
Denn du bist für mich vollkommen und mitgegeben,
habe ich dir das Überleben,
denn meine bedingungslose Liebe habe ich soeben,
für dich für immer aufbewahrt, und als Erbe
hinterlasse ich dir den Schutz,
denn ich bin deine Mama, ich bin der Code für
deinen Datenschutz.

WIRRWARR GEFÜHLE

Manchmal sind meine Gedanken wie die Wolken,
schwarz, grau, undurchdringbar.
Manchmal sind meine Gefühle wie die Boten,
schlecht, weniger gut oder undankbar.
Manchmal ertappe ich mich beim Nachdenken,
mit zurückhaltenden Bedenken, unvorstellbar.
Manchmal erwische ich mich,
wie ich die schwarzen Wolken auf die Seite schiebe.
Deshalb bin ich mir gegenüber manchmal voll
verständlich.
Diese Verflechtung der Widersprüche in mir ist
meine Vorliebe,
dass die Gefühle aufrecht erhält mein einziges
Vorgaben-Getriebe.

Es zeigt, wie ich manchmal glücklich,
und manchmal unglücklich bin, vermutlich.
Ich erkenne mit Wehmut,
dass nur ich alleine, unendlich und absolut,
in Regenbogengefühlen verloren,
mit innerem Zwiespalt, für all das verantwortlich
bin.
Durch die Erkennungsfenster sehe ich den Ausweg.
Ich kann diese WIRRWARR Gefühle überwinden an
deiner Seite.
Nur ich alleine bin dafür der Beleg.

DIE SEELE

Wie ein Phantom kann ich dich nicht halten,
kann ich dich einfach nicht festhalten,
in meiner einmaligen, besonderen Welt,
wo die Liebe unaufhaltsam wiederkehrt.

Gute Erinnerungen und Taten streicheln dich.
Schlechte Erfahrungen und Worte tun dir weh
bekanntlich.
Deine Hülle ist weich und mal steinhart,
genau wie auf der Bergspitze oder im Tal auf einer
Höllenfahrt.

Du, Seele, hör mir gut zu!
Ich kenne dich zu gut und wie gewöhnlich und wie
immer im Nu,
bist du voller Glut und Mut!

Ich weiß, ich weiß, du zahlst für deine Ehrlichkeit
einen hohen Tribut.

Ich spüre dich mal heiß und manchmal eiskalt.
Nur dass du's weißt, ich bin auf ewig dein
Aufenthalt.
Mal ehrlich, Seele, hast du mich verstanden?
Mal ehrlich, Seele, hast du keinen Halt?

Mein Wirrwarr durch den Gefühle-Sinnesverhalt,
genieße ich mit Vorbehalt.
Eins kann ich dir sagen, wie einer unverstandenen
Gestalt,
ich werde deine unfassbare rebellische Seite
manchmal abschalten, und zwar bald.

DIE FRATZE DES KRIEGES

Mama, Hilfe! Neeeein!
Inbrünstiger Schrei,
gequellt, verzehrt, vermehrt
grau, staubig, uneinig mit dem Tod.
Ernährt, bedroht von den Fratzen,
empört in roter Not und Idiotenverbot.
Das Gebot des Krieges in den Augen des Kindes,
liegend in den Armen der Mutter, verletzt, rot vom
Blut,
mit Lidern geschlossen ohne Hauch vom Leben, nur
Wut.
Es steigt die Flut der Gefühle, der Trauer und Flucht.
Die Fratze des Krieges ist unbarmherzig,
überflüssig und billig zugleich.
Sie ist die Unendlichkeit der Macht.
Folglich als Ausgleich für Hass und Gewalt.
Wer hat sich das ausgedacht?
Die Macher sind noch nicht aufgewacht.
Das Ende kommt um Mitternacht,
schwarz, blutig, unbarmherzig und kalt.
Die Schlacht ist vollbracht.
Die Fratze des Krieges hat uns alle in ihrer Gewalt.
Mama, Hilfe! Nein.

DIE SPRACHE IST GLEICH

Im Himmel ist die Sprache gleich.
Man spürt nur die Gedanken, zart und weich.
Der Wolkenvogel trägt mein Gemüt.
Er lässt mich träumen in der weißen Glut.

Auch in einem Schlangenloch winzig klein,
bin ich der Glücklichste nur mit dir allein.
Jetzt verstehe ich des Wortes Sinn,
als Papa in Mamas Herz einsetzte. Es ist der
Hauptgewinn.

Die Liebessprache ist, wie im Himmel, gleich.
Wir spüren nur unsere Gedanken, zart und weich.
Des Wortes Rätsel hat einen Sinn.
Unsere Liebe vertreibt die Sorgen auf den
Wolkenflügeln dahin.

TATEN

Das Leben kann man drehen,
wie eine Idee übersehen,
wie ein Hemd umziehen, aus oder nicht aus
Versehen,
wie eine Meinung umdrehen,
wie den Weltverstand hintergehen,
durch die Menschenmassen durchgehen,
mit viel Blabla lassen wir das Schlimme geschehen!
Wir können ohne Bedenken leicht draufgehen,
das Gute übersehen,
und die wahre Weltgeschichte könnte schiefgehen.

Am Straßenrand, am Grabenrand unseren Verstand,
können wir die Ideen drehen,
und die Meinungen sehen,
die Welt verstehen,
den Menschen das Gute gestehen,
die Fehler können wir nachsehen,
die schlimmeren umgehen,
denn die Zeit bleibt nicht stehen,
und die Völker veralten,
deren gute Taten werden vergessen, verblassen und
vergehen.
Es bleibt noch Luft am Straßenrand, am Grabenrand
die guten Taten zu nähen.

MENSCH

Mensch, die Gedanken sind frei!
Tu was Gutes!
Pflanz' sie in mich hinein und sei,
mein Held, dieses Etwas, Spezielles,
in den Menschen wie Lebensmalerei.
Sei noch besser, noch besonderer.
Sei Erfinder auf Dauer!
Zaubere hierbei frei,
die Vermittler der ewigen Liebeszauberei.

ICH KANN

Ich kann, ich kann nicht.
Ich will, ich will nicht.
Ich sage, ich sage nicht.
Ich liebe, ich hasse nicht.

Ich kann, wenn ich will.
Ich will, wenn ich sage.
Ich liebe, bin still.
Der Hass ist eine Preislage.

Ich kann, wenn ich sage.
Ich sage, wann ich will.
Ich will mit Stil.
Ich hasse nicht die Nacht und ich liebe die Tage.

Ich kann nicht, ich kann doch.
Ich will nicht, ich will doch.
Ich sage nichts, ich sage doch.
Ich hasse nichts, ich liebe immer noch.

BESONDERE ALLIANZ

Ich bin innerlich ein Kind.
Ich bleibe ein Kind,
ein Kind der Liebe,
ein Meister der Gefühlssiege.

Gib mir deine Hand!
Leihe mir dein Empfinden.
Ziehe mich in deinen Bann!
Lass die Schmetterlinge nicht verschwinden!

Tauche deinen Blick in meine Augen für mich.
Lass den Mond mich umgarnen.
Fange die Sterne für unser Liebesritual, feierlich.
Entferne die Pausen zwischen uns in aufregenden
Zeitspannen.

Ernenne mich zu deiner Königin im Lieben.
In unserm verhexten Abendlichtritual,
sind die unzähligen Küssen, die uns blieben.
Unser Liebespfad ist anders, einmalig genial.

Gib mir deine Hand!
Setze zart deine Lippen auf meine Poren,
wie ein unsichtbares Band.
Lass keine Liebeskrümel verschwinden in dem
unendlichen Sand.

Lass mich den Ausnahmezustand des Empfindens
spüren.
Für immer Herz an Herz unsere Gefühle küren.
Mit Eleganz der Liebe und einfühlsamem Glanz,
feiern wir ewig unsere einmalige, besondere Allianz.

ZEITBLASE

Ich sammle meine Gefühle,
in einer ewigen Zeitblase.
Ich stelle in deine Gedanken zwei Stühle,
und fixiere darauf „Für immer", die Phrase.

Die Zeitblase ist nur für dich, voll mit Liebe.
Bei jedem Schritt begleitet sie dich.
Gibt dir Kraft dein Leben lang für Siege,
und lässt dich nie alleine sein, nie wirklich.

Umgarnt dich mit Verständnis ohne Arroganz,
hält die Feinde, Neider fern von dir.
Sie gibt dir Zuversicht und Eleganz,
in all deinen Gedanken und Taten im Jetzt und Hier.

Keiner kann sie vernichten.
Ihr Glanz ist in deinem Herzen verankert.
Sie ist so hell wie die Sternendichte,
die Ewigkeit in ihr, von mir für dich, notiert und von
Himmelsmächten akzeptiert.

Ich sammle meine Gefühle,
in einer glänzenden Zeitblase.
Ich verführe sie in deinen Gedanken auf zwei
Stühle,
und fixiere drauf „Für immer", die Phrase.

IN JEDEM SCHRITT

In jedem Schritt auf meinem Weg,
ist mein Leben zu finden.
Jeder Schritt ist der Beleg,
dass unsere Schritte uns verbinden.

Mit jedem Schritt kam ich dir näher.
In jedem Schritt sind meine Gedanken bei dir.
Jeder Schritt schreibt unsere Geschichte nieder.
Auf jedem Schritt erfriert die Zeit als Wir.

Und alle meine Schritte sind Zeugen der Liebe.
Verbunden mit meinen Gefühlen für dich.
Wir finden sie in jeder Schritten-Wiege.
Jeder unserer Schritte macht das Unmögliche
möglich, sicherlich.

MENSCH UND NATUR

Der Wurm beißt sich in den Apfel.
Meine Sensoren zeigen Ekel an.
Ich zerquetsche den Wurm.
Und ich esse den Apfel.
Die Natur mit ihren Wundern und Wunden,
ist verschwunden.
Und ich sitze verwundert mit meinen Mitmenschen,
an der leeren Zukunftstafel.

ES IST EIN PRIVILEG

Beim Aufstehen laufe ich noch kurze Zeit gebückt.
Die Haare sind dünner und die Weisheitsfalten mit
Cremes überbrückt.
Die Knie und der Rücken sind Schmerz und pochen
wie die Lunge auf der Zugspitze.
Man wackelt auf den Beinen, stützt sich und setzt
sich nicht nur wegen der Hitze.

Und wenn man älter ist, sagt man, ist man weiser.
Die Zeit ist mit Sicherheit nicht für Feiglinge,
denn man hat nicht nur kalt und ist heiser,
sondern die Kleider sind schwer und nicht selten ist
man leiser.

Die Wege scheinen wie Autobahnen, nicht wie
Gänge.
Ach Omi, deine grauen Haare sind wie die Wolken,
und deine lieben Augen sehen mich nur auf eine
Armlänge!

Mein Schatz, auch wenn du alt bist, hab bitte keine Bedenken!

Alt werden ist nicht nur ein Geschenk, es ist ein Privileg.
Erlebst die Schönheiten des Schicksals mit den Enkeln.
Und die Fürsorge der Kinder für uns ist der Liebesbeleg.

Wir haben dazwischen keinen Puffer mehr und hören wie die Zeit Regeln für uns pendelt.

FANTASIE DER JAHRESZEITEN

Die Sonne spielt mit meinem Haar.
Und der blaue Himmel umgarnt mich in Schar.
Die rostroten Blätter bezaubern meine Blicke.
So spüre ich den Herbst mit seinem tollen
Augenblicke.

Ich leg mich blind in Meeresblätter,
in Farbenpracht mal gelb, mal rot, mal allerlei.
Ich schaue nach oben zwischen Äste und Blätter.
Die Luftsterne tanzen mit meinen Gefühlen. Es ist
Zauberei.

Umgarnt von der Schönheit der wahren Natur,
streck ich die Hand und halte dich fest.
Deine Antwort sind die Küsse, rein und pur,
mit heißer Umarmung, die der Fantasie freien Lauf
lässt.

Die Farben der Zeit erfüllen uns mit Liebe.
Die Leidenschaft mit wahrem Gespür,
ermutigt uns zu glauben an die Wiege der Siege,
die uns erlauben das Öffnen der ewigen Liebenden
Jahreszeitentür.

VON OBEN GESEHEN

Von oben gesehen, mit Engelssinnen gestrickt,
verstrickt in deinem Wort und Sinne.
Die Flügelspüren auf deiner Welt Rücken,
taste ich ab.
Und wir fliegen mit unseren besonderen Gefühlen
nach oben,
und nicht ab.
Du fängst mich auf.
Und deine Seele ist wie die Wolke,
wo du mich niederlegst ohne Sorge,
leicht und selbstverständlich darauf.
Die Welt verstehen wir nicht mehr.
Der Schmerz ist tief wie das Schwarze Meer.
Ich nehme dich mit, mein Engel,
in meine gute Welt.
Wo Schmerz erklärlich ist,
und die Liebe zählt.

Die Unendlichkeit der Wege der Zeit,
betet für uns die Klarheit der Gerechtigkeit.
Wo Liebe ist,
darf kein Krieg mehr sein.
Verstand und Gutheit, und nicht nur die zwei,
sind in Menschenherzen gewiss nie allein.

Von oben gesehen, mit Engelssinnesaugen,
ist unsere Welt klein.
Macht sie mit Taten groß,
mit ehrbaren Gefühlen für die Zukunft und im Sein!

Weitere veröffentlichte Bücher:

Sarahs Zauberwelt Gefühle Kinderbuch
Felicia Gerber
Verlag: Books on Demand Erscheinungsdatum: 20.03.2015

Übungswörterbuch in 7 Sprachen
Felicia C. Gerber
Verlag: Books on Demand Erscheinungsdatum: 01.06.2015

Aufschrei Gedichte
Felicia C. Gerber
Verlag: Books on Demand Erscheinungsdatum: 04.06.2015

Die Abenteuer des Engelchen Miry Kinderbuch
Felicia C. Gerber
Verlag: Books on Demand Erscheinungsdatum: 24.07.2015

Ama, Apa und ich Sunny mit dem roten Auto Kinderbuch
Felicia Gerber
Verlag: Books on Demand Erscheinungsdatum: 07.01.2016

Draculas Erbe Gedichte
Felicia Gerber
Verlag: Books on Demand Erscheinungsdatum: 12.05.2016

Die Straßen von Saarbrücken Gedichte
Felicia C. Gerber
Verlag: Books on Demand Erscheinungsdatum: 26.04.2017

Tigerles Welpenwelt Kinderbuch
Felicia C. Gerber
Verlag: Books on Demand Erscheinungsdatum: 06.07.2018

Sunny der Dino Flüsterer Sunny, Tirexi und Segeli Kinderbuch
Felicia C. Gerber
Verlag: Books on Demand Erscheinungsdatum: 12.12.2018

Gedankentransporter Science-Fiction Roman
Felicia C. Gerber
Verlag: Books on Demand Erscheinungsdatum: 21.02.2019